Zdeněk Miler/Jiří Žáček

Der Maulwurf und seine Helfer

leiv

Das wird das allerschönste Haus
auf der ganzen Welt!
Ratet einmal, wer darin wohnen wird?
Natürlich der Maulwurf mit allen
seinen Freunden.

Siehst du die Maurerkelle?

Womit spielt der Hase auf dem Kontrabass?

Lasst uns fleißige Handwerker sein,
Stein auf Stein, Stein auf Stein,
bald wird das Häuschen fertig sein.

Woraus bauen der Maulwurf und seine Freunde ein Haus?

Wir sind die lustigen Musikanten.
Der Igel haut auf die Pauke,
der Hase schwingt den Kontrabass.
Die Geige ist auch dabei, und der
Maulwurf bläst auf der Trompete.
Mit bums und tätärätä geht es durch den Wald.

Weißt du,
wer ich bin,
ein Bär, eine Maus
oder eine Grille?

Welche Erdbeeren sind größer,
die Walderdbeeren oder
die Erdbeeren aus deinem Garten?

Erdbeeren essen alle Kinder gern.
Damit der Maulwurf und seine Freunde viele süße Erdbeeren essen können, pflanzen sie ein großes Beet voller Erdbeerpflanzen in ihren Garten.
Die Maus bringt kleine Pflänzchen und der Hase gießt sie, damit sie bald groß und die Beeren reif werden.

Schmecken Erdbeeren süß oder salzig?

Was finden die Vögel im Winter zu fressen?

Der Winter ist gekommen, es stürmt und schneit,
die Vögel frieren und ums Futter gibt's jetzt Streit.

Der Maulwurf liebt den Winter sehr, ein
Schneemann ist schnell gebaut und wird sein Freu

Wie viele Kugeln aus Schnee muss man rollen, damit man einen großen Schneemann bauen kann?

Was ist alles in dem Kuchenteig?

Worin wird der Kuchen gebacken?

Milch und Mehl, Zucker und Eier,
all das muss in eine Schüssel.
Die Wespe bringt noch schnell den Löffel.

Und dann wird geknetet und gerührt,
gerührt und geknetet, bis der Teig fertig ist.
Die Maus zu guter Letzt schiebt das
Kuchenblech in den…

Der Maulwurf und seine Helfer haben ein Haus gebaut, haben Musik gemacht, Erdbeeren gepflanzt, einen Schneemann gebaut und Kuchen gebacken.
Bei so viel Arbeit entsteht bestimmt auch etwas Schmutz, und wer wischt den nun wieder weg? Der I…

1. Auflage 2009
Published by arrangement with Euromedia Group, Prague
Druck und Bindung: Sachsendruck Plauen GmbH
Printed in Germany
www.leiv-verlag.de

ISBN 978-3-89603-329-1

9 783896 033291